8 juin 1875.

Vente du Mardi 8 Juin 1875,

SALLE N° 3.

COLLECTION DE M. MORIZOT

ANCIEN LIBRAIRE-ÉDITEUR

90 AQUARELLES

PAR

GAVARNI

ET AUTRES

Par Eugène LAMI, E. WATTIER, ROUARGUE, etc.

EXPOSITION PUBLIQUE :

LE LUNDI 7 JUIN 1875

Mᵉ CHARLES PILLET,	MM. DHIOS ET GEORGE
COMMISSAIRE-PRISEUR,	EXPERTS,
10, rue de la Grange-Batelière.	35, rue Lepeletier.

vd1

CATALOGUE

DE

90 AQUARELLES

PAR

GAVARNI

ET AUTRES

PAR EUGÈNE LAMI, E. WATTIER, ROUARGUE, ETC.

Composant la Collection de feu M. MORIZOT, ancien éditeur,

ET DONT LA VENTE AURA LIEU

HOTEL DROUOT, SALLE N° 3

Le Mardi 8 Juin 1875

A DEUX HEURES.

Par le ministère de Me CHARLES PILLET, Commissaire-Priseur,
10, rue de la Grange-Batelière;

Assisté de MM. DHIOS et GEORGE, Experts, 33, rue Lepeletier.

Chez lesquels se trouve le présent Catalogue.

EXPOSITION PUBLIQUE : Le Lundi 7 Juin 1875,

DE UNE HEURE A CINQ HEURES.

CONDITIONS DE LA VENTE

Elle sera faite au comptant.

Les adjudicataires payeront *cinq pour cent* en sus des enchères.

Paris. — Imprimerie PILLET FILS AINÉ, rue des Grands-Augustins, 5.

DÉSIGNATION

AQUARELLES PAR GAVARNI

Paris et les Parisiens

1 — La Marchande à la toilette.

2 — La Marchande de pommes.

3 — La Marchande de bouquets.

4 — Un Bohémien.

5 — La Femme de chambre.

6 — La Femme du porteur d'eau.

7 — La Porteuse de modes.

8 — La Marchande à la halle.

9 — La Bourgeoise.

10 — La Dame du grand monde.

Les Petits Bonheurs

11 — La Tabatière.

12 — Mon cèdre du Liban.

13 — La Vigne est en fleur.

14 — Le Jardinage.

15 — Une montre à soi.

16 — Le Messager.

17 — Le Farniente.

Robinson Crusoé

18 — Robinson faisant la moisson.

19 — Le Mousse noyé.

20 — Je m'enhardis à monter sur le haut du rocher.

21 — Tous les matins je montais sur le haut de la colline, et je ne découvrais rien.

22 — Je trouvai secs les raisins que j'avais suspendus, et je les ôtai.

23 — Cette potion me porta à la tête, et je m'endormis profondément.

24 — Par cette invention je parvins à aiguiser mes outils.

25 — La mer me jeta si rudement contre un rocher que je perdis presque connaissance.

26 — Robinson livré à ses réflexions.

27 — Le capitaine me serra dans ses bras, de la manière la plus affectueuse.

28 — Je proposai au prince russe de le tirer de son exil.

29 — Arrivé près de moi, il se jeta à mes pieds.

30 — Robinson voulant régaler Vendredi d'un plat de rôti.

Gulliver

31 — Gulliver chez le roi et la reine.

32 — Le capitaine Gulliver.

33 — Gulliver à Lorbruldrud.

34 — Le cheval s'arrêta et me regarda fixement.

35 — Je n'osai pas même me boucher le nez.

36 — Très-étonné de ce phénomène, je m'armai de mon télescope.

37 — Le Nain du roi.

38 — Il était haut comme un clocher; effrayé, je courus me cacher dans un champ de blé.

39 — Modeste et recueilli, je disparus entre deux feuilles d'oseille.

40 — Les Tailleurs de Lilliput.

41 — L'Armée lilliputienne défilant entre les jambes de Gulliver.

42 — Gulliver.

43 — Les Struldbruggs.

44 — Gulliver et le yahou.

45 — La Femelle du yahou.

46 — A trois heures de l'après-midi j'arrivai à Redriff et me rendis au logis.

Angleterre

47 — Pipeur et forgeron écossais.

48 — Charretier et charbonnier anglais.

49 — Jeunes filles des environs de Glascow.

50 — Jeunes garçons des îles Hébrides.

Les Symphonies de l'Hiver

51 — La Musique des Montagnards.

52 — La Musique des Bohémiens.

53 — La Musique à la noce.

54 — La Musique en Orient.

55 — La Musique des Sauvages.

56 — La Musique des saltimbanques.

57 — La Musique classique.

58 — La Musique du berger.

59 — La Musique à la fenêtre.

60 — La Musique à la guerre.

61 — La Musique à la chasse.

62 — La Musique dans la rue.

63 — Le Violon.

64 — La Symphonie.

Gil Blas

65 — Gil-Blas rencontre Nuñez à la porte du Soleil.

66 — Le Poëte Nuñez à l'hôpital.

67 — Scipion et le pauvre.

68 — Le Père de Scipion rencontre la bohémienne.

69 — Gil-Blas demande Antonia en mariage.

70 — Gil-Blas et son ancien valet.

71 — Gil-Blas et Scipion à Lérias.

72 — Gil-Blas factotum.

73 — Le capitaine Chinchilla.

74 — Laure au couvent.

75 — Lucinde et le gentilhomme allemand.

76 — Séraphine.

77 — Le Mémoire d'apothicaire.

78 — Gil-Blas est docteur.

79 — Gil-Blas et dona Mencia quittent la caverne.

D'après nature

80 — La Lanterne magique.

Les Mille et une Nuits.

81 — Naufrage de la princesse de Déryabar.

82 — La princesse de Déryabar chez le géant.

DESSINS PAR GAVARNI

83 — Combat du nègre et de Codadad.

84 — Sinbad remettant les présents du roi de Schrendib.

85 — Les Génies fondirent sur la ville.

86 — Le grand-vizir Giafar arrivant de Bagdad.

87 — Le Cheval enchanté.

88 — Camaralzaman et la princesse Badoure.

89 — Le Dormeur éveillé dansant.

90 — Aladin se rendant au palais du sultan.

AQUARELLES PAR ÉMILE WATTIER

91 — Schemselnihar et le prince de Perse écoutant une chanson d'amour.

92 — Perfide, lui dit le génie, en me montrant à elle.

93 — Le Porteur chez Zéobéïde.

94 — Modère ton courage.

95 — Poisson, es-tu dans ton devoir?

96 — Dévouement de Scheherazade.

97 — Scheherazade commence sa première histoire.

98 — Toilette du troisième Calender.

99 — Fête pour le mariage du marchand de Bagdad.

100 — Margiane dansant devant Ali-Baba, par Adrien Nargeot.

101 — Portrait de Gavarni dessiné par lui-même, en 1845 et gravé par Adrien Nargeot en 1867.

AQUARELLES PAR EUGÈNE LAMI

102 — Un Salon du grand monde.

103 — Un Bal à l'Hôtel-de-Ville.

104 — Une Revue au Champ-de-Mars.

105 — Départ de l'empereur pour l'inauguration de l'Exposition de 1855.

AQUARELLES PAR ROUARGUE

Italie

106 — Les Environs de Rome.

107 — Pouzzuola.

108 — Livourne. — Entrée du port.

109 — Vue de Messine.

110 — Gênes. — Les Barquettes.

111 — Rome. — Le Marchand de melons.

112 — Campagne de Rome. — L'Ave Maria.

113 — Palerme. — La Cathédrale.

114 — Ischia. — Le Pasrello.

115 — Naples. — Vue del Carmine.

116 — Vue de Salerne.

117 — Rome. — La place du Peuple.

118 — Venise. — Le grand Canal.

119 — Venise. — Vue.

120 — Le Vésuve et Portici.

121 — Tivoli. — Chute de l'Arnienne.

122 — Rome. — Le Forum.

123 — Turin. — Église de la Mère-de-Dieu.

124 — Venise. — Les Porteurs d'eau.

125 — Florence. — Vue.

126 — Florence. — Les Bouquetières.

127 — Florence. — Le Marchand de sorbets.

128 — Le Jeu de la Morra.

129 — Le Corricolo, à Naples.

130 — Les Environs de Bassano.

131 — Le château Saint-Ange. — Rome.

France

132 — La rue de Rivoli.

133 — Place de la Concorde.

134 — Place du Carrousel en 1855.

135 — Le Palais de l'Exposition, aux Champs-Élysées.

136 — Un Pèlerinage en Alsace, par Godefroy Durand.

137 — Un Marché dans le pays basque, par Godefroy Durand.

138 — Vue de Nice, par Rouargue.

139 — Saint-Wulphran. — Place du Marché, à Abbeville.

140 — Noyon. — Place du Marché.

141 — Clair; — Marais, près Saint-Omer.

142 – Château d'Eu, côté du parc.

143 — Lyon. — Vue.

144 — Tours. — Vue.

145 — Bordeaux. — Vue.

146 — Toulon. — Vue.

147 — Le Croisic. — Vue de la butte du Saint-Esprit.

148 — Nîmes. — Les Arènes.

149 — Landernau. — Église Saint-Thomas.

150 — Vannes. — Église Saint-Pierre.

151 — Morlaix. — Vue.

Allemagne

152 — Andernach.

153 — Wursbourg.

154 — Mayence. — Le Dôme.

155 — Vienne. — La Cathédrale.

156 — Spire. — Vue.

157 — Bigen. — Vue.

158 — Wiesbaden.

159 — Cologne. — Vue du quai de Deutz.

160 — Elefeldt.

161 — Francfort. — Le Saalhoff.

162 — Drachenfels et l'île Nonneuwerth.

163 — Pfalz et Caube.

164 — Leipzig. — Place du Marché.

165 — Baden. — Vue des monts Xasslich.

166 — Mayence. — Vue.

167 — Oberwezel. — Vue.

168 — Coblentz. — Vue.

169 — Braubach. — Vue.

170 — Boppart. — Vue.

171 — Baden. — Le Salon de conversation.

172 — Ehreinbreistein. — Vue.

173 — Mehlen. — Sur les bords de l'Elbe (Saxe).

174 — Holzenfels.

175 — Bacharach.

176 — Dresde. — Marché-Neuf, église Sainte-Marie.

177 — Dresde. — Vue des jardins.

178 — La Chute du Rhin.

179 — Auberge allemande.

180 — Le Marché, à Boppart.

Espagne

181 — Le Marché, à Valence.

182 — Une Fête de paroisse, près d'Alicante.

183 — La Sambomba. — Le Dimanche matin, à Grenade.

184 — Aguador et Gitanos de Grenade.

185 — Vue du palais des doges, à Venise, tableau par ROUARGUE.

186 — Vénus couchée, tableau de l'École italienne.

AQUARELLES & DESSINS PAR ROUARGUE

Allemagne

187 — Vingt-et-une vues de villes, monuments, types, etc.

Italie

188 — Vingt-trois vues de villes.

France

189 — Vingt-quatre vues de villes, Paris, etc.

Hollande et Belgique

190 — Vingt-quatre vues de villes, monuments, types, etc.

Suisse

191 — Vingt-quatre vues de villes, monuments, types, etc.

Espagne

192 — Huit vues, types, etc.

Russie

193 — Dix-neuf vues, types, etc.

Constantinople

194 — Dix-huit vues, types, etc.

Inde

195 — Huit vues, types, etc.

Méditerranée

196 — Dix-huit vues, types.

Navigateurs français

197 — Treize vues et types.

Naufrages célèbres

198 — Douze vues et types.

Plutarque de la Jeunesse

199 — Huit portraits de grands hommes.

Histoire de Cristophe Colomb

200 — Quatorze vues, types.

L'Ile des Rêves

201 — Neuf vues.

Histoire des Pays-Bas.

202 — Quinze vues et portraits.

203 — Douze dessins de Jules Noel.

204 — Dix dessins de Levasseur.

205 — Huit dessins du *Buffon des Enfants*.

206 — Treize dessins pour gravures de sainteté.

207 — Quinze prières en chromo-lithographie, dessinées par l'abbé Lambert.

www.ingramcontent.com/pod-product-compliance
Ingram Content Group UK Ltd.
Pitfield, Milton Keynes, MK11 3LW, UK
UKHW020542180726
13839UKWH00006B/2680